दस्तख़त-ए-दिल

रक़ीब

क्रम-सूची

क्रम-सूची

पाठकों के लिए

इससे पहले कि आप मेरी रचनाओं को पढ़ें, मैं बता दूँ कि मैं एक नौसिखिया शायर और कवि हूँ जिसे शायरी में मात्र काफ़िया और रदीफ़ का ज्ञान है। क्योंकि मैं एक नौसिखिया हूँ तो मेरी रचनाएँ बहर में नही हैं। मैंने ये किताब मेरी रचनाओं को एक साथ एकत्रित कर रखने के लिए ही प्रकाशित की है। हर रचना आपके दिल को छू लेगी, ऐसा वादा मैं नहीं करूँगा। कुछ आपको पसंद आएँगी, कुछ नही भी, मगर मैंने जो भी लिखा है वो दिल से लिखा है; शायर कहलाए जाने के फ़ितूर से लिखा है।

यदि आपको मेरी रचनाएँ पसंद आए तो मुझसे ज़रूर कहें, मुझे लिखते रहने का हौसला मिलेगा।

यदि आपको पसंद न आए तो अपनी राय ज़रूर साझा करें।

मेरी किताब को समय देने के लिए धन्यवाद!

1. लघु रचनाएँ

दिल का दर्पण जो तूने तोडा है
देख ज़मीन पे कैसे बिखरा पड़ा है
इसके बिखरने का ग़म नहीं है मुझे
ग़म तो इस बात का है कि इसे तूने तोड़ा है।

❧❧❧

एक रात ऐसी भी आएगी कि हम-तुम मिट जाएंगे
छोड़े पीछे अपनी कहानी गर्दिश में दो तारे बन जायेंगे।

❧❧❧

न जाने क्यों
तुम्हे खोने का डर लगा रहता है
आज कल मेरे ख़यालों में
बस तेरा ही चेहरा रहता है
कहीं मुझे वो बिमारी तो नहीं हुई
जिसमे दिल हमारा होते हुए भी
किसी और के लिए धड़कता है?

❧❧❧

रात में पलकों तले बाढ़ आ जाती है
ये एक ख़याल हर रात मुझे रुलाती है
कहीं तुम भी उन जैसी तो नहीं

जो झूठे वादे करके चलीं जातीं हैं?

❧❧❧

इसे तौफा समझूं या सज़ा
मेरे होठों पे अब अल्फ़ाज़ नहीं आतें
जब से छूटा है हाथ तेरा
तब से ग़ालिब भी साज़ नहीं आतें।

❧❧❧

मुड़ के कभी हाल पूछना
नैनों से ही सवाल पूछना
लबों पे फिर मुस्कान लिए तुम
दिल से इसका हाल पूछना

❧❧❧

उसकी चाहत की तलब में मैं भी रोया हूं
पलकों तले अश्क लिए मैं भी सोया हूं

❧❧❧

हम दोनों मुंतशिर उल्फत में इस क़दर
दिल का हर हिस्सा जैसे टूटा है
मैं उसकी अकीदत में खुदको जोड़े हूं
वो किसी हरीफ से रूठा है।

❧❧❧

डर लगता है मुझे अब दिल लगाने से
जहां ने क्या सिखाया बेवफ़ाई के सिवा?

मैं गीत तो तुम तरन्नुम हो
मैं रात तो तुम अंजुम हो
मदहोशी कैसी दर्मियां अपने
मैं तुम में, तुम मुझ में गुम हो

मुखल्लत हैं खुशबुएं सांसों में तेरी
तो क्या हुआ जो हम करीब नही

अब नफ़रत है तेरे अक्स से भी
तेरे संग हर इक शख्स से भी
बाद तेरे कहां कभी शाद मिला है
लौट आता हू बज़्म-ए-रक्स से भी

किसने कहा ये कि मुझे वो याद नही
बस उससे आज कोई फरियाद नही
दूर मुझसे वो कहीं खुश है, आबाद है
सब खैरियत है यहां पर मैं शाद नही

निशान अब भी है मेरे तेरे होठों पे
और तू कहता है तुझे मैं याद नहीं?
नफ़रत हो या इश्क़ ये तेरा...

ज़र्रे ज़र्रे में मैं हूं तेरे, ये मान ले
हकीकत हूं, तेरा इतिहास हूं
कोई मिसरा थोड़ी हूं जो याद नहीं!

❦❦❦

अपनी दास्तां कुछ ऐसी हो
मानो मैं कोरा कागज़ रहूं
और तुम मेरी सियाही रहो।
मैं तुम बिन अधुरा रहूं जाना
पर मुझ बिन तुम पूरी रहो
फिर भी तुम्हे कमी खले इक
जब बढ़ाओ तुम दूरी को।
तुम्हारा हर कतरा मेरे सीने में बसे
कोई मिटाएं फिर भी दाग़ रहे
कोई जलाए मेरे प्यार का पन्ना
तो राख में इसकी आग जले।

❦❦❦

मेरे आसुओं की नदियाँ सूखी
गालों की ज़मीं काली पड़ गई
मगर तू शायद बेपरवाह थी
जो मेरी आँखें नज़रअंदाज़ कर गई।
अब भी वक़्त रुका है
पलट जा एक बारी
सुन ले मेरी धड़कने
जिनमे नाम गूंजे तेरा ही।
माना कोई सुनेहरा तख़्त नहीं

मगर दिल की दरी बिछा दूंगा
सौ चाँद बुझाकर आसमान में
मैं सितारों का दरिया बना दूंगा।

❧ ❧ ❧

ज़मीन को नभ से जोड़े जो
वो क्षितिज रेखा भी तुम ही हो
मेरी तकदीर बताती जो
वो हृदय रेखा भी तुम ही हो
सुना परियां भी आती हैं
यहां जन्नत बसाने को
जिसे पाया है खुद मैंने
वो मेनका भी तुम ही हो

❧ ❧ ❧

तो क्या हुआ जो तू न मिला
बिन तेरे अब भी जीना जारी है
तू उतरा पर तेरा फितूर नहीं
न जाने ये फितूर कितना भारी है!

❧ ❧ ❧

ढल गई उनकी मोहब्बत की शाम
अब उनसे हमें न कोई काम है
उनकी खता का ज़िक्र कर दे कहीं
तो फिर न कहना ये इतेकाम है

❧ ❧ ❧

किस्मतों का लिखा है क्या जानू ना
तुम मेरी हो क्या ये बात जानू ना
जानू मैं तो यही मैं जानू अब
तिश्नगी हो मेरी तुम मेरी हो तलब

❧❧❧

चलो चलें हम वहां
जहाँ खुशियों की हो दास्ताँ
जहाँ आँखों में न नमी मिले
जहाँ प्यार को ही ज़मीं मिले।
बादलों में बसेरा हो
जहाँ इश्क़ का ही सवेरा हो
न छू सके मुझे ग़म कोई
जो साथ मुझको तेरा हो।

❧❧❧

आओ सनम बाँट ले हम
मेरे हिस्से से तुम लो खुशियाँ
तेरे हिस्से से मैं लूँ कुछ ग़म।
चलो ये आसमान भी बाँट लें
बादलों में आशियाना सजाएं
प्यार की नई एक गीत गाएं
थोड़े उजियारे, थोड़े अँधेरे
ज़िन्दगी में आधी हिस्सेदारी हो
इक घर हो हमारा, इक गाड़ी हो
इक लल्ला, इक राज-दुलारी हो।

❧❧❧

दिल के काफी करीब है वो इक नज़्म की तरह
इक तरफा निभाता हूं रिश्ता, इक रस्म की तरह
फकत तेरे होने का एहसास ही क्या खूब है
करीब आओ जिस दिन, वो दिन हो जश्न की तरह

फकत एक ये ग़म है जिसे मैं भुला न सका
कि एक तुम हो जिसे मैं अपना बुला न सका

2. अश'आर

ये किस्सा ख़त्म तो कब का हो चुका है
मेरा नहीं, वो किसी और का हो चुका है

वो मेरे साथ नहीं किसी और के संग खुश है
इससे वाकिफ दिल अब तक न हो सका है

रातें आज भी खुदा से लड़के कटती हैं
मगर कहां किसी के आगे वो झुका है?

आज भी निदा सुनता हूं हर मोड़ पे उसकी
सच ही कहते हैं, रकीब बावला हो चुका है

जहान के रिवायतों से मजबूर हैं
पास होके भी इक दूजे से दूर हैं

मुस्तकबिल न जाने क्या है अपनी
खैर, यहां अधूरी दास्तां भी मशहूर हैं

पता नहीं क्यों इक यकीन सा है
खुदा को भी मेरी दुआएं मंज़ूर हैं

❧❧❧

देखो ना इश्क़ में ये क्या हो गया
मैं काफिर तो वो खुदा हो गया

फलक सी जिंदगी, वो चंदा मेरा
आई अमावस, वो जुदा हो गया

सुना वो मेरे बाद दिल लगा बैठी
उसके लिए मैं गुमशुदा हो गया

पत्थर था वो, मैंने मूरत कर दिया
वक़्त बदलते ही वो ख़ुदा हो गया

***

शाद-आबाद हैं वो लोग जो इश्क़ को महज़ काम
सोचते हैं
इक हम परवाने ही हैं जो इन रिश्तों का अंजाम
सोचते हैं

खौफ-ए-जुदाई में जीने का तजुर्बा तो पूछे हमसे
कोई
वो रहेगी या बिछड़ जाएगी सवाल ये हर श्याम
सोचते हैं

उन नैनों की काजल ने लिखा था दिल पे नाम
दिलरुबा का
स्याही-ए-गुरूर से काटें या सह लें ज़ख्म-ए-नाम,
सोचते हैं!

हार कर तकदीरों से नौजवान को नफ़रत है भला
किस्से?
आखिर क्यों यूं खुद को बर्बाद किए इसे इंतकाम

सोचते हैं?

वो शक़्स मेरे लबों का सुनहरा मुस्कान था
जो रुला के हसा दे, ऐसा इकलौता इंसान था

हाथ पकड़ के चलता था जब वो राहों पे
मुझे लगता खुद ख़ुदा मुझपे मेहरबान था

बाद उसके बिछड़ने के और क्या ग़म है मुझे
उसका यूं बिछड़ना मेरा आखरी नुकसान था

3. गुज़र जाएंगे लम्हे गुज़र जाएंगे दिन

गुज़र जाएंगे लम्हे गुज़र जाएंगे दिन

जीता आया मैं, जीता रहूँगा युहीं तेरे बिन

बन बैठा हूँ रक़ीब इश्क़ में इस कदर

तेरी खुशी के लिए बिता दूंगा पूरी उम्र तारे गिन।

मोहब्बत न कर तू भले मुझसे

दिल के हर कोने में तेरा नाम गूँजेगा

इस कदर तुझे प्यार करूँगा

कि तेरी परछाई में भी मेरा अक्स दिखेगा।

वादा रहा मेरा ये तुझसे

लहू के हर कतरे में तेरा हक़ होगा

जिस्मानी इश्क़ की तलब नहीं

हमारा इश्क़ सनम रूहानी होगा।

तारे तोड़ लाने की बात नहीं करता

गर्दिश मैंने कभी छुआ नहीं

मोहब्बत बेशुमार है तुझसे

मगर ज़िंदगी सिवा कोई सौगात नहीं।

तू ठुकरा दे मेरे इश्क़ को

ये फरेब नहीं जिसमे तू फसेगी

अब तेरी यादो के सहारे ही

मेरी पूरी ज़िन्दगी गुज़रेगी।

गुज़र जाएंगे लम्हे गुज़र जाएंगे दिन
जीता आया मैं, जीता रहूँगा युहीं तेरे बिन।

4. मैं तेरे करीब हूँ

दूर हूँ तुझसे फिर भी लगता है करीब हूँ
मानो चाहत की चौखट पे बैठा, मैं एक गरीब हूँ।
याद आती जा रही है सारी बातें तुझसे जुड़ी हुई
फासलों से मानो अटक रहीं हों हलक में सांसें सभी
देखो नज़रें उठाके, कितना तेरी बाहों में जाने को तरसा हूँ
दूर हूँ तुझसे फिर भी लगता है मैं तेरे करीब हूँ।

5. मैं किसे दोष दूँ?

तेरे नाम से अपना नाम जोड़े,

मैं मन ही मन मुस्कुराता था

तुमसे एक दफा बात किए,

मैं सात जन्मों के ख़्वाब सजाता था।

मगर मैं भूल गया ये बात कि हर ख़्वाब सच नहीं हो पाता

जब श्याम न हो पाए राधा के, तो मैं तेरा कैसे हो जाता?

खैर उनकी कहानी अलग है,

वो तो तक़दीर के मारे थे

भला मैं किसे दोष दूँ

जब तुम ही किसी और से बंधे थे?

गलत नहीं है ये

कि तू किसी और की होना चाहती है

तूने भी तो देखें हैं कुछ ख़्वाब

जिन्हे तू पूरा करना चाहती है।

बस दर्द पनपता है सीने में,

जब तू उसकी बाहों में होती है

कह नहीं पाता कुछ भी मैं बस आँखें रो पड़ती हैं।

कराहता हूँ मैं रातों में तकिए से अपने मुंह को ढके

ताकि मेरी आवाज़ें तेरी कानों तक ना पहुंच सके।

शायद मन्नत के खातिर बलि चढ़ाना ज़रूरी है

तूने भी तू माँगा होगा कुछ,

तभी तो मेरी बलि चढ़ी है।

भेड़-बकरी के सर की तरह
मैं भी कुछ पल तड़पूँगा
फिर साँसें बंद किए इस जग से विदा ले लूंगा।
अगर अम्बर की ओर गया, तो बादलों से कहूँगा
कि मेरी उन अनसुनी चीखों को तुझको सुना दे
क्या पता इस अम्बर के साथ कभी तू भी रो पड़े।
अगर इस धरती के गर्भ में गया, तो यहीं से
बच्चे की तरह लात मार पूरी धरा हिला दूंगा
क्या पता मेरे लिए बना वो दीवार गिर जाए तेरे दिल से।

6. आसूँ

आसूं बहाना भी रास नहीं आता
क्योंकि पोछना भी तो खुदही को पड़ेगा
कोई दूसरा आया तो हाथ गीले होंगे उसके
भला कोई दूसरा क्यों हाथ भिगोना चाहेगा?
आसूं भी नमक और पानी हैं
यहां दोनों का कारोबार होता है
सब सिक्कों की खनक सुनकर तो आते हैं
मगर आँसुओं से थोड़ी कोई शोर होता है?

7. कविता

मैं ये जानता हूँ कि मेरी हाथों की लकीरें

शायद तुम्हारे दिल की देहलीज़ तक नहीं पहुंचेंगी

मैं ये भी जानता हूँ कि तुम्हारी ज़ख्मों पर

शायद मेरी उँगलियाँ कभी मरहम नहीं लगा पाएंगी।

मगर सब कुछ जानते हुए भी

मैं इनमे यकीन नहीं कर पाता हूँ,

यकीन मानो, तुम्हे ठीक से जानता भी नहीं

मगर फिर भी तुम्हे खोने से डरता हूँ।

तुमने अब तक मेरा हाथ भी नहीं थामा

फिर भी तुम्हारे साथ छोड़ने का डर लगता है

कहीं तेरे वो ख़्वाब बिछड़ न जाएं मुझसे

ये खयाल भी मुझे हर पल सताता रहता है।

कब वो सूरज जलता और बुझता है

इसका मुझे अंदांज़ा भी नहीं लगता

अगर तुमसे लम्बी बात न हो मेरी

तो रात में चैन से मैं सो नहीं पाता।

8. कविता

ये देख, वसंत की पहली हवा चली है
मंद महक से देख आभा खिल उठी है
वो सूरज की चमक कुछ और है
इन हवाओं की गमक कुछ और है
डालियों पे शर्मा रही है एक नौ कलि
पूरी नहीं है वो अब तक खिली
मगर उस शर्मीली की ही अदाओं पर
महक रही है देख तेरी गली।
खिड़कियों को खोल, देख ये मंज़र
ये कौन चहकता है दरख़्तों पर।
तूफानों से टूटी थीं जो डाली
वो फिर से खिल रही है
जो छोड़ गई थी बुलबुल प्यारी
फिर वहीं मिल रही है...
ये खिलते शाक़, ये चहकते पंछी
ये भीनी खुशबू, ये मीठी चिक्की
मानो फागुन शीरा-ए-इश्क़ से लिखा
मौसमों का हसीन किस्सा है
ये धूप, ये खुशबू, ये खिलखिलाहट
ये हसीन मंज़र इसी का हिस्सा है।
इश्क़ के फूल को फागुन खिलने दे
दो टूटे शाकों को फागुन मिलने दे...

9. तुम्हारा ही रहूँगा

तुम मूँद लो अपनी आँखें

तो तेरे चेहरे को पढ़ लूंगा

तेरे आसूं बहने से पहले

तुझे इन बाहों में भर लूंगा

कोई और ज़िन्दगी में आए

तो बाहर की राह दिखा दूंगा

तुम चाहो या न चाहो मुझे

मैं तुम्हारा था, तुम्हारा ही रहूँगा।

तुम्हे दिल सौंपा है मेरा

तुम चाहे इसे गिरा दो

हाथ पकड़े रहूँगा तेरा

तुम चाहे कोई गिला दो

दूर जाना तेरी मर्ज़ी है

तुम चाहे दूरियां बढ़ा दो

पार कर हदें मैं आऊंगा

चाहे आगे दरिया खड़ा हो।

बस तुम एक आवाज़ लगाना

आँखों में मशालें लिए आऊंगा

तेरी ज़िन्दगी के अंधेरों को

मैं खुद जल के हटाऊंगा।

हाथ थामा है तुम्हारा

ऐसे थोड़े ही छोड़ूंगा

मैं तुम्हारा ही था
तुम्हारा ही रहूँगा।

• 21 •

मैं तुम्हारा ही था
तुम्हारा ही रहूँगा।

10. तुम मेरी सिया थी

भान नहीं कदापि तुम्हें कि
मन दर्पण में तेरी छवि क्या थी!
माना मैं तेरा राम नहीं
पर तुम मेरी सिया थी!
समय के बल से देखो
प्रेम का सूर्य डूब गया
जिस दर्पण में तुम थी
वो अंतर्मन में टूट गया!

उपमा तेरी की थी मैंने
सती-जानकी नाम से
तेरे हेतु रोता था सोचे
क्यूं नहीं तेरा राम मैं।
अस्त हुआ या मेघ ग्रस्त हुआ
मेरे प्रेम का दिनकर, ज्ञान नहीं!
क्यूं अब भी है तुमसे आशा
मुझे इसका भी कुछ ज्ञान नहीं!
आशा... है तुम एक दिवस
स्वयं वैदेही हो जाओगी,
निर्मल, इक्ष्वाकु, इती
तुम जानकी हो जाओगी

11. ग़ज़ल

मुहब्बत मुकम्मल हो हमेशा, ज़रूरी है क्या?
जिस्मों का फासला, रूह की दूरी है क्या?

इबादतों में जिसे मांगा, वो किसी और को चाहे
तो ये हमारे खातिर उनकी बेरूख़ी है क्या?

वो किसी और के संग खुश है, आबाद है
ऐ दिल तू इस बात पर दुखी है क्या?

वाजिब है तेरा यूं उदास होना भी जिगर
भला रकीब रहे कोई बंदा सुखी है क्या?

जो हमसफ़र ना हुए उनके संग सफ़र करना
शायद तेरी मंज़ूरी नहीं, पर मजबूरी है क्या?

12. ग़ज़ल

लाख कोशिशों के बावजूद वो मुझे भुला ना पाएगी
रात में यादों के देख जुगनू खुदको सुला ना पाएगी

अमावस के अंधेरे तले वो अकेली अकसर डर जाएगी
हां, ऐसी रात भी आएगी, वो मुझे बुला ना पाएगी

सेहमे से शीशें में जब वो शृंगार करने आएगी
तारीफें याद कर खुद से नज़रें मिला ना पाएगी

आंखों तले काजल, माथे पे बिंदी जब वो लगाएगी
रंग ए इश्क़ में मेरे क्या वो उल्मा ना बन जाएगी?

मेरे यादों के साए से वो खुदको कैसे छुपा पाएगी?
लाख कोशिशों के बावजूद वो मुझे भुला ना पाएगी।

13. ग़ज़ल

ज़िन्दगी का जो कागज़ था, सादा रहा
ग़म का वज़न खुशियों से ज़्यादा रहा

मोहब्बत के बदले मोहब्बत मिली नहीं
मोहब्बत का मेरा किस्सा यूं आधा रहा

मिली दर्द ए जिगर की दवा नहीं कोई
अश्कों का बाहव था जो बहता रहा

लाल आंखों में देखे जब पूछा किसी ने
आंखों में कुछ चला गया, ये कहता रहा

उल्फत दिल में दबाए उसके खातिर
उसकी खुशी के लिए मैं यूं मरता रहा

14. ग़ज़ल

ज़िन्दगी से इक सवाल है
भला इसका कैसा मजाल है?

हर मोड़ पर मुसाफिर मिलते बिछड़ते
इतने चाल दिखाती है, कमाल है

कुछ हाथ सिरक जाते हैं हाथों से
और मिलता हमें जो वो मलाल है

कुछ सोने चांदी लेकर भी रोते रहते
कुछ कोड़ियां देकर भी मालामाल हैं

कोई रक़ीब दूर होके भी इश्क़ में अंधा है
कोई शैदा पास होके भी देखता दीवाल है

15. ग़ज़ल

कभी हम भी किसी के साए थें
कभी हमारे तारे भी जगमगाए थें

सुबह देखे ख़्वाब, रातों में मेहताब
कभी हमारे भी ऐसे दिन आए थें

कभी ना छोड़ने की फ़िज़ूल बातें
उन्होंने भी हमें खूब सुनाए थें

न जाने क्यूं अपनी कहानी अधूरी रही
किरदार तो दोनों ने बख़ूबी निभाए थें

ये इश्क़ औरों को मिला, पर हमें नहीं
यूं ही नहीं हम यहां रकीब कहलाए थें

16. ग़ज़ल

कल इक नज़्म थी आज इक अंजुम है
जाने दरमियान इनके दिल कहां गुम है!

रहूं उसका जो न मिला या उसका जो संग चला?
जवाब ढूंढता दिल आज बड़ा गुम-सुम है

मेरा मतला गर अंजुम से शुरू हो
तो मख़्ते पर नज़्म की तकल्लुम है

सवाल दिल में बढ़ते जा रहे हैं
पर आलम यूं कि जवाब गुम है

उसे लगता है कि हम उसपे फिदा हैं
कैसे बताए ये उसका तवह्हुम है

दिल में भरी है अंजुम के खातिर खामोशी
रक़ीब, आज भी नज़्म से तज़ल्लुम है?

दिल में भरी है अंजुम के खातिर खामोशी
रक़ीब, आज भी नज़्म से तज़ल्लुम है?

17. ग़ज़ल

ज़ख्म ये उनके लगाए हैं, यूं भरेंगे नहीं
हां, तड़पेंगे ज़रूर इनसे पर मरेंगे नहीं

दर्द ये अलाहेदा हैं, अंदर कहीं दबे से हैं
लाख दिखालो तुम हकीम, मिटेंगे नहीं

राज़, वादे, सपने, धोखे क्या कुछ नहीं
संजोए है दिल में! यूहीं हटेंगे नहीं

ज़ख्म गहरे हैं, लहू के नातों से परे हैं
चाहे जितना ढूंढो इन्हे ये दिखेंगे नहीं

कुछ राज़ पर्दे तले ही मुनासिब हैं
रकीब हम, पर उनका नाम कहेंगे नहीं

18. ग़ज़ल

हवा में लफ़्ज़ ढूंढता हूं, नहीं मिलते
पर खुशबुओं में तुम मिल जाती हो

बहार-ए-वसंत की क्या नौ कलि हो?
चले हवा तो दिल में खिल जाती हो

मुस्कुराहटों से तेरी ये जहान है रौशन
ऐसे रूठ के जाना कहां चली जाती हो

शबा, शबनम के पलकों पे वज़न क्यों?
छोटी सी बात है क्यों दिल जलाती हो?

थोड़ी हया निगाहों में, हाय! क्या खूब!
पसंद है मुझे जब तुम यूं मुस्कुराती हो

नश्तर की ज़रूरत ही क्या तुम्हें जाना!
मरते यूं ही हैं जब तुम रकीब बुलाती हो

19. ग़ज़ल

अंधेरे बीते मुझ पे, सहर न हुई
ग़ज़लें पढ़ीं, इनमें बहर न हुई

क़त्ल-ए-आम हो गए इश्क़ में
उन्हें हमपे ज़रा भी महर न हुई

भींगा शहर सावन में हर दफा
इक बूंद भी सवार हम पर न हुई

चांद खूबसूरत है, दाग़-ज़दा भी
फिर क्यूं खफा ये अम्बर न हुई?

हम मिट गए वजूद बनाते रक़ीब
और किसी को यहां खबर न हुई

20. ग़ज़ल

आज फिर उन गलियों से गुज़रना हुआ
जहां कभी चाहत को हमसे मुकरना हुआ

पूछती है मुझे उसके घर की खिड़की
क्या अब भी न वो दिल से रवाना हुआ?

पहली मोहब्बत इक सुनहरा ख्वाब है
जिसका साया कभी हमसे जुदा ना हुआ

ये इश्क़ मर्ज़ी नहीं, मर्ज़ ही है
जिसका असर बड़ा सुहाना हुआ

इक दफा होने वाली ये गलती नहीं
बताना किसे इश्क़ दुबारा ना हुआ?

मुकरते हैं लोग दुबारा दिल लगाने से
टूटने का डर किसे गवारा ना हुआ?

मुकरते हैं लोग दुबारा दिल लगाने से
टूटने का डर किसे गवारा ना हुआ?

21. ग़ज़ल

आंखों में धुआं है यादों का
अब वजह तू है फसादों का

दिन मेरे दीन हो चुके हैं अब
वक़्त चल रहा है नशादों का

फिर दोहराऊं ऐसी गलती है तू
पर क्या फ़ायदा इन मुरादों का

नसीबों से मिलती है मुहब्बत
मुहब्बत तो पेशा है बर्बादों का

कोई और मिले भी तो क्या!
शीरीं ही अरमान है फरहादों का

आखरी सांस तलक चाहेंगे उसे
और काम क्या है हम-फरहादों का?

• 37 •

22. ग़ज़ल

शायद आसमां को भी पता है तेरे बारे में
हवाओं से सुन दास्तां रो रहा है किनारे में

तेरे बाद इस हयात में जान कहां
बस जी रहा हूं यादों के सहारे मैं

तरस खाता, लबों को आसूं पिलाता
भला कोई बात है इस गुज़ारे में?

मेरा चांद खो गया आसमानों में कहीं
अब क्या रक्खा है चमकते सितारे में

तुमसे अब भी मुझे कुछ आस है
कुछ कहना हो तो कह दो इशारे में

23. ग़ज़ल

कई चेहरे आए नज़र को
पर कोई ना भाए नज़र को

वो नहीं, फकत उसकी यादें हैं
बाद उसके, कोई न भाए जिगर को

ग़म भुलाने जाता था उसकी बाहों में
उसे भुलाने अब जाऊं मैं किधर को

कल तलब थी उसके जाम-ए-नज़र की
आज तरसता है हलक पीने ज़हर को

इश्क़ मसला है महज़ चंद लम्हों का
मगर उसकी यादें रहती हैं ता-उमर को

मुझपे बीती जो किसी और पे न बीते
देती है दुनिया इश्क़ नाम इक कहर को

24. मैं शिफा हो गया

तमाम ग़मों से सुला हो गया
उसने छुआं, मैं शिफा हो गया

उसने नज़रें उठाके मुझे देखा
बेचैन दिल ये इक्तीफा हो गया

सुना है इश्क़ ही ख़ुदा का अक्स है
वो फकत आया और ख़ुदा हो गया

दिल ने जब भी भरी कुछ आहें
वो आया, मर्ज़ पे दवा हो गया

उसे देखे बिना करार नहीं पड़ता
लो! मुझे मर्ज़ इक नया हो गया

25. ख़त लिखना

तुम मेरे नाम भी एक ख़त लिखना
तेरी खैरियत, मेरी उल्फत लिखना

जवाब दूं या ना दूं, रुक न जाना
मेरे नाम फिर इक ख़त लिखना

कुछ आरज़ू, कुछ ख़्वाब लिखना
कागज़ पे दिल के दस्तखत लिखना

चाहो तो तारीफें या शिकायतें लिखना
बस इक लफ्ज़ अलविदा मत लिखना

स्याही से नहीं तो गुलाबी निशानों से
लफ़्ज़ों से नहीं तो लबों से ख़त लिखना

26. नज़म

मेरे शेर, ग़ज़ल, नज़म सब रुक जाते हैं
ये जान कर की तुम समझोगी भी नहीं
कि ये तुम्हारे लिए लिखें गए हैं
मेरे लफ्ज़ हलक में ही रुक जाते हैं
ये जान कर की तुम सुन लोगी तो फिर
शायद कभी फिर तुम से बात ना होगी
शायद कभी फिर मुलाक़ात ना होगी।
मैं क्या लिख रहा हूं मुझे खुद खबर नहीं
इसे नज़म कहूं या कविता मैं
गुम हैं काफिया, रदीफ, बहर कहीं,
बस इस बात का इल्म है मुझे
कि ये ज़रिया है ज़ाहिर करने की
कि मेरे ज़हन में बस तेरे खयाल हैं
इसे कह नहीं पाता इसका मलाल है!
कहूं भी तो कैसे? इश्क़ का सवाल है
कहीं तुम मुझे छोड़ दो तो?
कहीं तुम मुझसे नाता तोड़ दो तो?
पता है? बड़े अजीब मेरा हाल है
सोचे तुम्हे मैं रोता हूं, कमाल है!!
इश्क़ में आशिक़ ख्वाब सजातें हैं
और हम यहां शबनम बहाते हैं
ये सोच कर की तुम भी उन जैसी हो

जो कभी नसीब में लिखे नहीं थे
जिनसे मिलकर भी नाते जुड़े नहीं थे।

27. नज़्म

ये न कहना
कि मैंने तुझसे प्यार नहीं किया
मत कहना
कि कभी तुझपे ऐतबार नहीं किया
जहान में इक तुम ही थी
जिसके आगे मेरी कायेनात झुकती थी
जहान में बस तुम ही थी
जिसपे आ के मेरी हर बात रुकती थी।
वो तुम ही थी
मेरे नज़्मों में बसा जादू,
मेरी खुशहाली सू-ब-सू,
वो खुदा जो मिला रू-ब-रू
खयालों में सजदे किए तेरे
दिल में इतनी थी आबरू।
मत कहना
कि मेरा इश्क़ फरेब था
तू ही मेरा हज,
तीरथ, हर एक था
माना हम यूं जुदा रहें
मगर मत कहना
कि मैंने तुझसे प्यार नहीं किया

28. नज़म

और आएंगे तुम्हें चाहने वाले
मगर कोई हम सा न होगा
फलक की बातें सब करेंगे मगर
हम सा कोई आसमां न होगा
मिलेंगे तुम्हें कुछ और तारे ऊपर
ज़मीन पे ऐसा कोई शमा न होगा
सर्दियों की धुंध हैं ये छट जाएंगे
जलता हम सा कोई धुआ न होगा
पढ़लो किसी और की नज़्में तुम
रकीब सा मगर कोई दूसरा न होगा

29. नज़्म

कितना कुछ कहना है और कितना कुछ सुनना है तुमसे
कितना कुछ पाना है और कितना कुछ खोना है तुम पे
कितना मुझे जीना है और कितना मुझे मरना है तुम पे
मोहब्बत का ये सौदा है हर बार मुझे बिकना है तुझ पे।
इश्क़ के अल्फ़ाज़, अपने मुराद, राज़-ओ-याद
कहने हैं तुम्हें
तेरे ख़्वाब, ज़िन्दगी के खयाल-ओ-फरियाद
सुनने हैं तुमसे
तेरे आगोश में पनाह पानी है,
तेरे गोद में सारे ग़म खोने है मुझे
ख़ुदा की कुरबत है तेरी बाहों में
इनमें तू उम्र भर सोने दे मुझे।
तेरे खातिर मुझे जीना है
तेरे सारे ज़ख्म, सारे मुराद बांटने दे मुझे
तेरे अश्कों से चिता है जलनी
अपने दर्दों से आहिस्ते मरने दे मुझे
गर तेरे संग नहीं, तो मेरा जीना बेकार
गर तुझपे नहीं, तो मेरा मरना बेकार
इक तू ही है वो करिश्मा मेरे यार
जाए तो सैलाब, आए तो हयात गुलज़ार
हर सौदे में मुझे बिकना है
गर कीमत हो तू

हर शर्त पे मुझे जीतना है
गर इनाम हो तू
तू ज़िन्दगी है, तू कयामत भी
गर हसें तो महताब,
रोए तो सैलाब भी।

30. नज़्म

मुख्तलिफ जहान से इक जगह ऐसी
जहां तन्हाई का साया छूट जाता है
जहां हर दर्द से नाता टूट जाता है
ये जगह तेरी बाहों में बसी है।
जहां बाग़ नहीं फिर भी गुल खिलते हैं
जहां तमाम हसरतें इक संग मिलते हैं
इक जगह जो सारे ग़मों से दूर है,
अंधेरी रातों में भी रौशन हो जो,
जहां हजारों महताबों का नूर है
ये जगह तेरी बाहों में बसी है।
जहां कर सकूं खुदके हक़ ज़ाहिर,
जहां मिल जाए मुझे इक साहिर
जो दो रूहों को आपस में सी दे
जो लम्हे भर मुझे सारी हसी दे।
जहां से लौटना मुझको राज़ी न हो
जहां बदनसीबी की कोई बाज़ी न हो
जहां कर सकूं रिहा जज़्बातों को
जहां बिता दूं मैं बची हुई रातों को
ये जगह तेरी बाहों में बसी है।

"ये नज़्म रॉकी स्टोनहेज की कविता "तेरे इज़ अ
प्लेस..." से प्रेरित है "

31. नज़म

बहुत नाराज़गी होगी न तुम्हें?
मुझसे, मेरी उन बचकानी बातों से
शायद नफ़रत भी होगी तुम्हें
मेरी यादों से और उन तमाम रातों से
जब तकिए पे सर रख कर
एक दूजे से कोसों दूर
हम कुर्बत का एहसास किया करते थें
जब तकिए को सीने से लगाए
इक दूजे से हम
प्यार भरी बात किया करते थें।
माना वो वक़्त बीत गया
माना प्यार का वो दरख़्त टूटा
अनहोनी का तूफान जीत गया
फिर भी दिल के आंगन में
आज प्यार की हवाएं बहती हैं
ये हवाएं कानों में फिर, बीती बात कहती हैं...
खुद की मुझे खबर कहां?
फिर दोहराऊं इश्क़, वो सब्र कहां?
बस इक आस मन को सांस देती है
शायद मेरी यादें भी तेरे साथ जाती होंगी
तेरे दिल के क़दमों तले, मिट्टी सी,
थोड़ी ही सही, पर शायद रह जाती होंगी।

32. एक तुम हो...

तेरे बिछड़ने का लम्हा तिरता है नैनों में
यादों के शबनम गालों से बीत जाते हैं
एक तू है जिसे नज़र फरमाने की फुरसत नहीं,
हम हारते और नए हमदम जीत जाते हैं ।
तेरे संग बैठा करते थें जिन गुलज़ारो में
वहां तेरी जुदाई के काले साए मिलते हैं
गुज़रे इक पवन का झोका भी, कहीं तुम तो नहीं?
ये सोच नज़रें मेरी दाए-बाए मुड़ते हैं।
सुनता हूं तेरी सहेलियों से कि तुम खुश हो
मुझे भुला के, दूजे को अपना के तुम खुश हो?
इक हम तेरी यादों में खानाबदोश फिरते हैं
पर तुम घर बसाने के ख्वाब लिए हां! खुश हो
मैंने प्रेम कविताएं भुला के, यादों के मद में होके चूर
खुदको भूलता-भुलाता चला, अपनों को करके दूर
मगर एक तुम हो जो मुझपे नज़र भी नवाज़ नहीं सकती
ये तन्हाई, उस जुदाई को टाल कोई एजाज़ नहीं सकती?

33. ये तुम ही हो ना?

सुनो, ये तुम ही हो ना?

तुम ही हो ना जो कभी

मेरी नज़रें पढ़ लिया करती थी?

जो मेरे कुछ कहने से पहले ही

सब महसूस कर लिया करती थी?

वही हो ना जो दूर रहकर भी

मेरे आंखों की नमी जान लिया करती थी?

जो कभी मेरे लिए "टच-वुड" कह कर

मेरी यूं नज़र उतार दिया करती थी?

फिर आज क्यों तुम करीब आके भी

दूजी ओर मुड़ जाती हो?

मुझसे नज़रें चुरा के

अनजानों सी पेश आती हो!

क्यों आज तुमको आवाज़ लगाने की ज़रूरत है?

क्या आज तुम्हें मुझसे इतनी नफरत है

कि ये चेहरा भी तुम्हें अंधेरों का साया लगता है!

कि ये रकीब आज तुम्हे कोई पराया लगता है?

मैं आज तलक तुझे भूला नहीं

तू जाने कैसे भूल बैठी रे !

तू बन गई किशन अगम्य

मैं तड़पन सहती मीरा बन बैठी रे!

34. तुमसे क्या चाहिए?

मुझे तुमसे क्या चाहिए
बस एक रात जो कभी न बीते।
तुम्हारी बाहों में लिपटे
मैं सदा के लिए सो जाऊँ
और मेरी आँखें कभी न खुले।
तुम्हारी सांसें मेरी हलक से उतर के
मेरे लहू में दौड़े और ये दिल
तुम्हारे लिए धड़कता रहे।
मेरी पलकों तले ख़ुशी के आंसू हों
और वो सपने हों
जिन्हे मैं जीता चला जाऊँ।
बस एक रात चाहिए तुम्हारी
जो कभी न बीते...

समाप्ति

कुछ पन्ने पड़े थे नज़रों के आगे
हमने भर डाले सारे के सारे
कुछ लफ्ज़ और सियाही से
कुछ अश्क़ और तन्हाई से

आभार

सर्वप्रथम मैं आभार प्रकट करता हूँ मेरे सीनियर उत्कर्ष पाठक भैया के प्रति (जो कि खुद बेमिसाल शायरी करते हैं) जिन्होंने हमेशा मेरा साथ दिया और मार्गदर्शन किया। मैं आभार प्रकट करता हूँ मेरे प्रकाशक नोशन-प्रेस के प्रति जिन्होंने मेरी इस किताब को दुनिया के सामने प्रस्तुत करने का मौका दिया। मैं आभार व्यक्त करता हूँ उन सभी लोगों के प्रति जो मुझे एक कवि का दर्जा देते हैं। अंततः मैं आभार व्यक्त करता हूं उन सभी शिक्षकों को जिन्होंने हमेशा मेरा मार्गदर्शन किया और मुझे हौसला दिया।

रचनाकार को जानें

सुजॉय सिंह, उर्फ़ रक़ीब, जमशेदपुर शहर में बारहवीं कक्षा के छात्र हैं। इन्होंने अपनी पहली किताब आठवीं कक्षा में लिखी और अब तक इनकी सात किताबें विभिन्न प्रकाशकों से प्रकाशित हो चुकी हैं। "दस्तख़त-ए-दिल" इनकी हिंदी और उर्दू कविताओं का संग्रह है।

ई-मेल: sujoysingh.jsr@gmail.com
Instagram: @thisissujoy

9 798888 833254